AF397866

© 2023 Mikko Nevantakanen

Kustantaja: BoD - Books on Demand,

Helsinki, Suomi

Valmistaja: BoD - Books on Demand,

Norderstedt, Saksa

ISBN: 978-952-80-0518-6

BARDO

Olla sinun

palasina pieniä tekoja

sataa vaikka.

Kun lupaa kaiken

ei lopulta tiedä

miten vähän se on.

Sinä olet sitä mieltä

minä tätä

satuttaa vaikka.

Silti sinä olet se tyttö

joka pitää hevosista

ja joka salakuljetti

löytökissan repussa

tallilta kotiin.

Kun yritän sopia

ihosi vierastaa kosketustani ja

jaetussa tupakassa maistuu mielipaha,

sanat jotka tahtoisi

vetää takaisin.

Tekee mieli kehua ruokaa

uutta kynsilakkaa.

En ole tehnyt huonoja valintoja.

Automme väriä en muista.

Talvi-aamuina

kylmyys toisella puolella rintaa

siellä missä sydän.

Etsii ihmistä jossa

hetken lämmitellä.

Eikä enää ole pimeä.

Uppoamme lumeen

polvia myöten.

Tämän korkuisina

aloitimme koulut.

Lyhkäisinä kuin välitunnit.

Sinussa sama lämpö.

Olemme sokeita sille

mitä emme itse ole.

Hevonen auraa peltoa

on aura

joka korskahtelee

elämän raskautta.

Mutta mitäpä

tekisi hevonen vapaudellaan.

Vapautta on isännän käsky.

Jokainen mielen saveen

upotettu kivi.

Sillä se mikä lopulta on

ei ole hyvää tai pahaa.

Oleminen ei meitä paljasta.

Janoisuus johtuu siitä että

vesi on.

Eikä tämä ole meidän elämä

kenenkään.

Elämätön sama kuin elettykin.

Että syyttömiä ovat syylliset.

Katso miten se vaihtoi suuntaa.

Kärsimyksen onneksi.

Katso miten kuollut valo varisee

alkaa uudelleen

jonkin toisen.

Älä pelkää.

Jokainen maa on sama.

Sama sotku ja puute.

Samat ongelmat.

Ympäri käytyään

näkymätön alkaa

hahmottua.

Äärettömyys

on kätesi ulottuvilla.

Olet keskipiste

sijainnista riippumatta.

Se mitä kosketamme

on ilmaa.

Siitä johtuu tarve omistaa.

Pysyvyys on pelkkä mielikuva.

Toteutuakseen se vaatii

toteutumattoman kokemuksen.

Jokainen keksii itselleen

sopivan jumalan.

Otan piparkakkumuotin.

Painan sen ilmaa vasten.

Laitan pellille näkymättömän.

Ei arvoituksia ole.

Ja jos on

ihminen on vastaus

eläin

se mikä meissä tahtoo toteutua.

Teoria ei kumoa toista

kolmattakaan.

Miten päin kastemato

koukussa.

Viinimarjat vielä raakoja.

Kalakeittoa.

Hyvä tuoksu.

Aistit mittaavat maailmaa

tunteet ääretöntä.

Siksi järkeä pidetään tarpeettomana.

Levitaatio

Kivet ovat kovia

koska ovat ilmaa.

Linnut muuttuneet tuuleksi.

Teen polttopuita

väsyneellä kirveellä.

Itse leivottu korvapuusti

maistui hyvältä.

Hernekeitto ja kahvi.

Kaivan kynällä

kuolleet runoilijat haudoista.

Saunasavu.

Synteesi

Iltatee.

Näen filosofiaa siellä

missä sitä ei ole.

Valo sekoittuu

hedelmäkulhoon

ilman itseä.

Me tulemme joksikin

joiksi jätämme tulematta.

Toteudumme mutta toisin.

Irrallinen kuvitelma itsestä

on todempi kuin minä itse.

Takaperin loppuun.

Metsä menee meissä umpeen.

Paistan silakoita.

Heitän koirallekin yhden.

Mietin miten maailma ennen

eli tarinoista.

Lakaisen lattian.

Tulet puoli viisi.

Mutta perunamuusi.

Lehdissä on joka päivä

samat uutiset.

Nostan kattilan liedelle.

Hetki jota kukaan ei ole

vielä keksinyt

ajatusta josta käydä kauppaa.

Linnut lähteneet

koska meitä ei saa

olla olemassa.

Istun kuistilla.

Ajattelen että intohimo

on loputon tyhjyys

ääretön joka ei täyty

koska siitä ei saa tarpeekseen.

Jään sinussa vähäksi.

Sinussa on paljon vaimoasi

sanoo posteljooni.

Itseäni tuskin sitäkään.

Etsin merkkejä, kuvia,

mihin sanat eivät riitä.

Nimettömän pelko

jonka vuoksi on pakko

kirjoittaa

selitellä.

Poljin kuusi kilometriä kauppaan.

Ostin kolme maitoa.

Mielikuva

Kun ajattelen sinua

muodostuu mielikuva

vaikka todellisuudessa

olet paljon haluttavampi.

Katson sinua jokaisen himoitsevan silmin.

Oloni on loukattu

koska vain minä tahdon

saan

voin.

Kaikki rakkaudessa perustuu

vapaaehtoisuuteen.

Omistaa ei voi muutoin

kuin sillä tavalla miten haluaa

kuulla olevansa rakastettu.

Enempää et ole kuin mitä annat.

Opimme enemmän toisiamme.

Sillä se mikä oli olematon

oli jo olemassa.

Jokin kaava.

Onko lopulta mitään muuta

kuin iho ihoa vasten?

Ainainen keskeneräinen tunnelma.

VAASA

Seppo Hulkki

Potilaita ei paranneta
edes kokemuksella
tai lääkkeillä.
Ajatus perhosesta
tai solisevasta
kirkkaasta purosta.
Uskaltaa olla sitä
mitä ei ole.
Sähköhoito ja vapaakävely.
Yrittävätkö ne tappaa
kaiken sen
joka minussa pyrkii valoon.
Ei, ei, sanot.
Tämä ei mene niin.
Lefakin.
Sinä löysit hänet.
Sairaalan käytävillä
päivät kiertyvät tyhjän
keskipisteen ympärille.
Minulla on salaisuus, sanon.
Se että olen muuttunut
ja parantunut niin
ettei minua voi parantaa.
Niinkuin rakastaa voi.

Antikvariat Lafkan

(Kaj Jernille)
Kajtsu myy kirjoja
pilkkahintaan.
Tärkeintä ei ole voitto
vaan ajatus
kertoo mies jonka
putiikki on yhdellä
kalleimmista kaduista.
Ihmiset tulevat juttelemaan
niitä näitä
menneitä.
Tänään on eilinen.
Kaikki muuttuu.
Kirjakaupan tilalla
kiinteistöfirma.
Barettipää hyväksyi
maksuvälineenä ainoastaan
käteisen,
kolikot
Fontana di Trevistä.

Fjalar (alias Haalari)
laulaa kovaa torikahvilassa
Luomiskertomus alkaa
alusta.
Äkkiä hän on Adam
että muut ovat etuoikeutettuja
kun ovat samassa maailmassa.
Että Saksalainen kenkäpari
onkin Vaasalainen.
Uudet lehdet kasvavat Eevan
vaginan ympärille.
Kohta sitä ei muista
kuten edellisvuosia.
Kaupunki on tyhjä kohtu.

Pakan Talo

Aurinko ei nouse
sen takaa.
Kusi lorisee
Joku huutaa haistavittu huoraa.
Mä tapan sut
Kiljupöntöt nurkissa
Nainen 30 on oikealta
iältään 55.vuotias.
Foni häviää pimeään yöhön.
Purettu talo elää yhä
mutta ei pääty.

Jalle
Herrasmiesjuoppo Jalle
juo konjakkia rautatieasemalla
rinnassa punainen kukka.
Antoi liian kauan
murheilleen vallan.
Meri toistaa häntä yhä.
Siiven puolikas liplattaa.
Kirjoittaa hänet mytologiaan.

Taika

Ravintola Koti.
Sama musta
nahkarotsi
Manalan silmät
joihin aurinko pakeni.
Anasti Jumalan toimenkuvan
veti kännit ettei muiden tarvis.
Se halus olla väritön
koska maailma on
musta Korppi.

Rälläkkä (Palosaari)

Amigo makaa nurtsilla miettien;
Millaista on olla Sammakko?
Kärpäset valmiiksi kielen päällä
sulassa sovussa
kuin veljelliset naapurit.
Miten kauniita ovatkaan
sukupuuton uhrit
persoonat
jotka
unelmillaan kelluvat
epätoivon päällä.

Vaasan Torikahvila

Aamu alkaa Arista
Västäräkit klo 8.00
Sama porukka
historian kertaustunti.
Sokerihuulet.
Autojen ruuhka silloin
kun sinulla ei ole kiire.
Aamu käy lempeästi poskillasi
Et jää, vaikka pyydän,
että jäisit.

KESKENERÄISET SINFONIAT

Vanhemmiten elämä se
jota lapset elävät.
Itsekseen alkaa olla
tylsää seuraa.
Pelkoni ja huoleni
jäävät minulle arvoituksiksi.
Vain tulevat sukupolvet tietävät
miten tässä käy.
Turha murehtia sitä
mikä jää jokaiselta kesken.
Aika on käsitteenä
jokaiselle sama.
Sitä ei ole.
Juoksupyörässä Hamsteri
joko aloittaa tai lopettaa.
Maali se mistä alotti.
Vanhuus ei ole aikaa
vaan fysiologinen tapahtuma.
Noustuaan aurinko
aloittaa kaiken alusta.
Kyllä ne ymmärtävät
etten jaksa enää
samalla tavalla.
Lakastuessaan voikukka viestii
että uutta on tulossa.

-Onko avaruudessa elämää?
Entäpä ufot?
kerro Mikko kun olet
muka niin viisas.
Raavin partaani
-Se mitä ei näy
on meille todempi
kuin se mikä on
meille itsestään selvää.
Tuntematon saa meidät
pyrkimään sitä kohti.
Emme luota lahkoihin
luotamme siihen mikä
on pelkästään minulle totta.
Tuntematon kuuluu yhteen
meidän tuntemamme kanssa
mutta niin mahdottomalla
tavalla että se on mahdollista.
Lapsi on lakannut
kuuntelemasta
keskittynyt legoihin
paljon
olennaisempaan olemattomaan
jossa leikki on yhtä totta
kuin mielikuvitus.

Syön
meetvurstileipää.
Usva hälvenee
samaan aikaan kun
kahvi kiehuu.
Nostan pannun hellalta
annan kissoille ruokaa.
Nämä merkittävät teot
jäävät historiaan.

Runous on kirjoitettava
loppuun.
On luettava ihminen
kannesta kanteen
kannettava kipua
kuin omaansa.

Tupakoin olohuoneessa
Tuoli on mukava
Kirjat hyllyissä kuin
eriparisukat pyykkinarulla.
Sinun kätesi tuoksuvat
tiskiaineelta.
Tahdoin naisen joka
ei säästele voissa
ja joka pysyy leivoksilla
kauniina.
Reitesi mustelmat
kerjäävät suudelmia.

Maalla olivat
minulle vihaisia.
-Iso mies, jolla riittää vartta
kotona oleksii
ja miettii pöljiä.
-Hukkaan meni tuokin sälli.
Väkevää työmiestä
toivoimme.

On satanut paljon lunta
suuria kinoksia.
Kylmänä pakkasaamuna
lohduttaa ajatus siitä että
talvella on monta kevättä.
Lapsi on nukahtanut
räsymatolle.
Sen uni jotakin paljon
ihmistä kauniimpaa
niin ettei
sitä ole lupa herättää.

Ei ensi-lumi kylvä kuolemaa.
Männyt kukkivat
valkoista kimalletta
Tuoksuu kinkku ja
perunalaatikko.
Leikkaan viipaleen
saaristolaisleipää.
Muistin kaupasta sinapin.
On hyvä olla.

Korkeat nokkoset
Tuonne piti rakentaa
uusi sauna
mutta minä olen laiska
Kirjoitan mutta sitä
ei pidetä oikeana työnä.
Rahat riittävät nipin
napin karjalanpiirakoihin
ja voihin.
Onneksi koira pitää kalasta.
Hauki on sen mieleen.
Kala josta Väinämöinen
rakensi kanteleensa
laulunsa.
Nämä minun omani
ovat pelkkiä jäljitelmiä.
Lihava takkuturkkinen kissa.
Siitä on tullut ystävä.
Se pyydystää rotat.
En oikein tiedä kenen se on.
Ja voiko eläintäkään omistaa
kun ei ihmistä.
Tähän perustuu itämainen viisaus.
Esineet ovat meistä irrallisia
Niitä hankitaan siksi
että niihin syntyisi side.
Tahdomme kertoa
jotakin itsestämme
että tulisimme ymmärretyksi
tai vaikuttaisimme arvokkaammilta.

Silti meillä on lantaankin
syvällisempi kytkös.
Siihen mitä siitä versoaa.
Yritin istuttaa multaan television.
Se ei lähtenyt itämään.

Pihassa muovinen
valkoinen pöytä ja tuolit.
Juon viiniä tämän
syksyn omenoista.
Naapuri puhelee
Gogolista ja vaihtaa
keskustelun äkkiä säähän.
Maa on roudassa
lapiolla vanhuksen ryhti.

Kun valtioita ei
vielä ollut
jäi muurahaisille
kaikki työ.
Istun kahvilassa
vihko ja kynä mukanani.
Humaltunut mies
väittää olevansa Pulu.
Uskon häntä.
Onko sillä väliä
kuka on oikeassa
kuka totta?
Jokin toinen meissä
ajattelee kaiken toisin.
Että niin olisi parempi.
Keisarit ilman vaatteita.

Haravoin lehtiä
teen saunapuita.

Minun tapani
rakentaa yhteiskuntaa.

Elämä on.
Maailmakin
mutta toisin.
Minulle riittävät
juustovoileivät
ja runot.

Aamupala. Murot juttelevat.
Koira on käynyt hautaamassa
auringon maahan.
Sen näkee tassuista.
Sillä on minun kylkiluut
ja sinun silmäsi.
Nurmikko kimaltaa valon hippuja
kissankellot
sumu on hälvenemässä
Lisääntymisellä selitetään
elämän tarkoitus
mutta ei se niin ole.
Jokainen on oma maailma
jota kukaan ei ehdi
ajatella loppuun.
Eivät kaikki tahdo lapsia
Nämä linnut ja puut ovat
myös minun lapsiani
Ja lopulta jäljelle jäävät
ainoastaan rotat
Etsin viisautta jota ei ole
ehkä kahvissa.

Kahvi valuu pannuun
aikaa ajatella
mielikuvituksen leikkiä.
En tee mitään
mutta teen.
Varis on nimeltään Jaska.
Päivälliseksi oli makaronilodjua.
Aurinko haihtuu
on pyöreä nolla.
Filosofit nuokkuvat
Olen sijannut aittaan vuoteet.
Emmekä me olleet mistään
samaa mieltä
koska muutoin maailma
ei rakentuisi
löytäisi tapoja tehdä toisin.
Imuroin
ja tupakoin.
Tiskit vielä.

Ei lintu seuraa toista
Ei yritä päästä rinnalle
Että niitä voisi verrata.
Mutta mikään ei ole verrallinen
niin kauan kuin on
ja vasta sitten suureiden arvo
ei ole enää vakio.
Keitän perunat huomiseksi.
Iltatee on matematiikkaa.

Kirjava räsymatto
Mukava kipristellä
paljaita varpaita.
Sadevesitynnyrit täyttyvät.
Illalla lämmitän saunan.
Sammakoita näkee enää harvoin.

Kissa on nukahtanut
keinutuoliin.
Leivokset Ekbergiltä.
Ulkona omenoiden tuoksu
sekoittuu valoon.
On väärin puhua linnuista
parvena.
Jokaisella niistä on päämääränään oma
äärettömänsä.

Maailma perustuu vuorovaikutukseen.
Tuuli koskettaa nurmea
leskenlehdet taittuvat.
Sateen ropina. Kupillinen kahvia.
Ilman sinua ei ole minua.
Se mikä ei ole siellä
on.

Sinä olet harharetki itseeni
siksi en tunne sinua riittävän
hyvin.
Kirjoitan nyt kestävän parisuhteen
salaisuudesta.
Kirjastot on kirjoitettu täyteen
yksinäisiä ihmisiä
tyhjiä kirjoja
joita jätämme yöpöydälle
kellastumaan
ja aloitamme keskeltä
jossa meidät ehkä kerrotaan.
Tiedätkö tunteen kun katsoo ikkunasta
ja näkee itsensä ulkona kuolleena
tekemässä lumitöitä.

BARDOT

Päivä alkaa sieltä
mihin se loppuu
moottoritien sivuun
viskatusta kissanraadosta.
Kärpästen surinasta.
Ja jokin syntyy uudelleen
puhkeaa kukkaan
tai lepattaa huoneistoon
avoimesta ikkunasta
eikä löydä enää ulos.
Ihmiset vaikuttavat yksinkertaisilta
koska koettavat nimetä kaiken.
Sana ei riitä ilmaisemaan mitään.
Kirjaimet niin vähän.
Kuvitelmat
se mitä tapahtuu.
Riittää pelkkä
ihmettelyn ihme
hiljaisuuden puhuttelu.
Joka hetki olet toinen
yksi
Eikä sinusta ole tarkoituskaan
saada kiinni.

ELÄMÄN PYÖRÄ

Labyrintti.
Noustessaan on aurinko eri
Rakensin sen kivistä
Se on paikka jossa
ajatuksia ei saada loppuun.
Lintujakaan.
Niinkin vieras minussa
on minua enemmän
kun pystyn kuvitella.
Jättää kaiken valmiin kesken.
Yksi eletty elämä
jokaisen elämä.

Mummo

Hei Mummo
Muistin kastella Pelargonian
Avata ikkunan
Että pääskysenä pääsisit
hetkeksi katsomaan sitä.
Kerro paapallekin terveisiä.

NIMETÖN

Minä olen olemassa
vain kaukana
kuten niin rakas on.
Lähelläsi olen sinussa
sinä.
Kuten aurinko on kuu.
Rakastelu tarjoaa toisen
todellisuuden
Sellaisen johon on kuviteltu
kaikki hyvä
eikä elämä voisi tarjota
mitään parempaa
jossa se lakkaa olemasta
on joku muu.
Kuvitelmassa on aukko.
Sen läpi alkaa erottua
se miten joku toivoo itseään
hyväiltävän.
Se minkä maistan vain sinussa.
Rakkaudelle annettiin nimi
mutta paljon suurempi
saa nimettömänä pysyä.

VIETNAM

Odottaa luotia
Odottaa osumaa
Miten se lävistää
sen joka minussa
on ulkopuolisinta
eniten totta.
Se miten alkaa kaivata elämää
ymmärtää että kahvissakin
kiertää veri.
Muutoksen hetki
näkee auringon toisin
painajaiset jotka haluaisi
unohtaa
antaa ne ei-minän kannettavaksi.
Tänään on se jota odottaa.
Kaivata sinua ja siten itseä
sitä jota sinä kaipasit.
Että on jotain arvokasta
joka on jäänyt tämän kaiken
ulkopuolelle.
Kipu jota kukaan ei tunne
Että minussa on vielä kaikki
lapset tallella.
Hiljaisuudessa
menehtyneiden ystävien kasvot.

HEIJASTUS

Ihminen on heijastus siitä ettei sitä ole
olemassa.
Ongelma on siinä että kieli
pyrkii selittämään kaiken
että todellisuus olisi epätotta todempi.
Ei ristiriitaa
Ihminen on.
Jäätynyttä multaa
Kuopasta kurkottava kuollut.
Samaan aikaan lapsi joka asettelee
Kanervaa hautakiveä vasten.
Minä kirjoitan pääskyistä
vaikka niitä ei näköpiirissä ole.
Subjektiivinen, olematon todellisuus
on kynälle yhtä totta kuin mikä tahansa
ikkunasta katsottu näkymätön
kuten edellisen talven lumi.
Sinäkin olet todempi.
Mutta huulesi lantio uumasi
Tahdon silti kirjoittaa niistä totta.

LOHTU

Ajatukset sinusta ovat
niskakuoppa luomesi
Rakastuessamme jokin
heräsi kuolleista
Nimesimme sen
kuljettaisimme paikkaan
jota alkaisimme kutsua
paratiisiksi.
Aurinko nousi sinusta
ajatus meistä
että coitus on
pyrkimys ajattomuuteen
Että tunnemme toisemme
mutta sen jälkeen toisin.
Emme tarvitsisi järjestöjä, uskontoa
Rakkauden tarve tulee siitä
kun sitä ei voi ratkoa
etukäteen arvata.
Ei meitä voi.
Jos todella rakastamme
meidän pitää unohtaa itsemme
Uskoa siihen mitä näemme;
niskakuopan, luomet.
Kaikki muu on vähemmän totta
sisäistä kauneutta
mysteeriä.
Tuskin rakkaus tietää itsekään
mitä se on:

Kirsikoita, Persikoita, Sitruunaa.
Itsessään näkee vain oman vierautensa.
Rakkaus sitä jonka maistan ja tunnen vain
sinussa.
Esimerkiksi keitetyn kahvin tuoksu
liittää meitä yhteen.
Rakkauden mitta on mitaton rakkaus.

Päivälliseksi oli silakkapihvejä.

Järjestin paperit työpöydältä, auringot niin
että erotan toisen tyhjän viinipullon kyljestä.

Olen täällä etsimässä sitä mistä ei ole
koskaan kirjoitettu.

Tein polttopuita, kaiken mikä on
ymmärrettävissä.

SINÄ

Ehkä jotain on paljon
mutta ei sinua enempää voi
Kaikki jää ulkopuolelle
muut toiset
Olet se mitä he eivät
lumesta ja valosta
himosta ja kivusta.
Uskoitko että
sylikkäinkin kaipasimme
toisiamme
tahdoimme viedä rakkautemme
tuonelan yli.
Olet se josta huominen syntyy.
Itsessäni minä kaipaan sinua
ettei kuolema toteutuisi
että se sulkisi meiltä silmämme
sillä sinua ei ole olemassa
sieluni katsoo silmilläsi
olen haave sinusta
sinä minusta.

Olet ajatukseni meistä.

HIMO

Tunnen himoa
sinua kohtaan
mutta himo tuoksuu
mullalta
hautausmaalta
Miten hetken kestää elämä
rakkaus jonka tulisi olla ikuista
on
Mutta miten eloton
kuten jäätynyt vesi
voisi iloita vapaista aalloista
mieliteoista kaunein
ajelehtisi pois
kuten poisheitetty roska
Iholla on muisti
kosketus
jota emme osaa nimetä
sitä tahtoo lisää
puhumattomuuden lämmössä
loputtoman tulemisen haaveessa
yksinäisyyden mahdottomuudessa
en voisi työntää ulos kieltäsi
hyväillä sillä korvaani
mutta silti teen sen sinuna
sinä minuna
Miten vähän sanassa
himossa kaikki.

RAKKAUS

Meillä on lintujen
sanaton yhteys
Ehkä ne yrittävät
vapauttaa sen
meren jonka
ylitse ne lentävät
sokeaan pimeyteen
Mutta rakkauden tulee
ollakin sokea
Eihän se muuten
olisi kyklooppi
enkä tiedä
olisimmeko
olemassa ilman
toisiamme
sillä himosta jäämme eloon
surusta kuolemme
Yhdessä katamme kaiken
elämät kuolemat
vain sinä voit tulla
minuksi
minä sinuksi
sanaksi
Iloksi
kivuksi
jota kukaan muu
ei tunne.

Tässä viinissä on mullan aromi
se odottaa auringonnousua
pitää sanansa.
Sillä kirjoitettu muuttuu toiseksi
herättää kipeät muistot
maku satuttaa.
Sen tuoksu laskeutuu yöhön
pikkutunneille puheet kaipuusta
siitä miten iho muistaa.
Valo pyytää tulla jaetuksi
Nauti kanssani
lasillinen viiniä
meitä.

Itke Rakkaani itke
Poismenneitä
veljiä siskoja
Isiä äitejä
Bussi ajaa kyyneleet
Jätät tyhjän paikan
johon kuvittelet
surun istuvan.
Ei sen kanssa
tule toimeen
tehdä sinunkauppoja
Eikä ikävä hellitä
vaan lupaa
sen mitä haluat kuulla
simpukankuori korvalla
jonkun toisen sydämen
lyövän
kuten tuuli silloin löi.

Nauran kuten väärä metro
Itken satamia
kaikkea mitä puretaan
Palosaaren siiloja.
Asvalttiin ei jää jälkiä
ei mitään romanttista
paitsi katujen nimet
jotka muistavat
kuten minä muistan
ensimmäisen suudelman
Ostoskeskuksessa ei
ole hämähäkkejä
Vihreys on harmaata
Tämäkin on kaunista sanot
mutta sinä se olet
Olisiko se sittenkään
niin tylsää
olla ikuisesti kanssasi
kaltaisesi maisema
piha ja vaahterat.

Korsholmanpuistikko
on harmaa.
Autiogatan.
Hiustesi paino liikenteessä
Mitä pelkäät
Kun sanot rakastavasi minua
kuin hullun kioskin kahvitarjousta
Yksinäisyyttä?
vaikka olen kanssasi täällä.
Se että kaikki lähtevät lopulta
Ja pulut nokkivat muruja
kahviloiden pöydiltä.
Ja vastasyntynyt
itkee vaunussa
maailman rintaa.